Pablo Ayala-Hernández

POEMAS Y VERSOS

Pablo Ayala-Hernández

POEMAS Y VERSOS

Poesía de recuerdos de amor

JustFiction Edition

Imprint

Cover image: www.ingimage.com

Publisher:
JustFiction! Edition
is a trademark of
Dodo Books Indian Ocean Ltd. and OmniScriptum S.R.L publishing group

120 High Road, East Finchley, London, N2 9ED, United Kingdom
Str. Armeneasca 28/1, office 1, Chisinau MD-2012, Republic of Moldova, Europe
Printed at: see last page
ISBN: 978-620-3-57898-0

POEMAS Y VERSOS

Poesía de recuerdos de amor

Pablo Ayala Hernández

Prólogo

Desde que hubo la idea de realizar libros con poemas relacionados con el amor, desamor recuerdos me sentí atraído a hermosos pensamientos y a los espacios nunca vividos. Este proyecto surgió en el escenario de la poesía en diferentes aristas. Me permitió plasmar letras en diferentes temas y versos.

Es notable la sencillez de cada verso, desde un espacio de amor hasta el arte del desamor junto con los recuerdos de un ser que permiten a los lectores el amor a la poesía.

Espero que disfruten el libro tanto como yo disfruto escribir poemas.

Pablo

Contenido

Luna llena

Deseo besar tus labios,

acariciar tu rostro,

amarte es mi ilusión,
tu cuerpo es cada mañana,
aunque llueva en mi ventana
hay fuego en mi corazón,

con razón.
Amarte es mi deseo,
en la distancia es mi reto,
con amor y gran respeto,
tú serás mi anhelo.
Amarte es mi fantasía,
tu sonrisa mi alegría,
yo te espero día a día,
en mis brazos yo te veo cada mañana.
Amarte más quisiera,
abrazados en una unidad,
con luna llena,
porque tú serás mi primavera.
Amarte es mi destino,
en la vida y en la muerte,
encontrarte fue mi suerte,
bella rosa de mi jardín.
Amarte más que amarte,
en mi amor en silencio profundo,
en este mundo
solo yo sabré amarte…

Tú mi mar

Tú eres el mar de mis pensamientos,
la ola de emociones de mis sentimientos,

el océano de mi corazón,

las olas de mis recuerdos.

Tú eres el mar que tanto añoro
el más preciado de mis tesoros,

la melodía de mi voz,

la brisa tu silencio,

las letras de mi poesía.

Tú eres el mar de mis sueños
el fuego de mi hoguera,
el sol de mis fantasías,

el color del día,

la alegría de mis momentos.

Tú eres el mar que me baña
el mar que me envuelve el alma,
el mar que me inspira la calma,
el mar que me ama cada mañana,

el mar que me baña con tu cuerpo,

el mar enamorado de tu piel en tu océano.

Un deseo

Cierra tus ojos

y pide un deseo,
siente mis labios frescos
que yo te los ofrezco cada noche.

Cierra tus ojos

y con tu aliento tocarás mi corazón enamorado,
tus labios me llevarán al cielo

a un lugar prohibido.

Cierra tus ojos y bésame,
esto no será un sueño,

es la realidad de nuestros sentimientos

que quieren ser eternos.

Cierra tus ojos

y mi cuerpo se embriagará de ti,

en cada poro de tu piel

se envolverán mis deseos.

Cierra tus ojos

y mi alma será tuya,

navegará a través de mi corazón

hasta alcanzar tu verano...

Me enamoré sin querer

No sabes cómo me duele estar tan lejos de ti
y la distancia que existe entre los dos,
pero me quitas esa tristeza
al escuchar tu voz.

Tu voz me lleva a mis lunas
y a tu corazón al mismo tiempo,
por eso me gusta escuchar tu voz
la cual es como un sueño enamorado.

Con cada palabra que me dices cada día
me enamoro más de ti,
lo cual me dice que
tú naciste para mí.

Espero que esta historia de amor
tenga un hermoso final,
y podamos estar los dos juntos
para podernos amar.

Te metiste sin permiso en mi corazón
y también en mis labios,
ahora no quiero que te vayas
pues por nada del mundo quisiera perderte.

Me enamoré sin querer,

solo pensar en tus besos

en tus caricias

y tu piel.

Eres un sueño realidad,

sin castidad,

ahora no quiero que me olvides

será un amor para siempre…

Un amor en secreto

Un amor en secreto es,

un amor tan peculiar

que no se tiene que esconder

para poder estar juntos,

para poder besar esos labios prohibidos

y sentir estar enamorado.

Dejar el tiempo y la distancia,

los prejuicios y las envidias

en un mar sin secretos.

Tener un amor en secreto a enfrentar

todos los días

un amor en secreto

donde no se tiene miedo al qué dirán,

sin miedo al fracaso,

a la envidia

y a los bajos deseos.

Un amor muy escondido
que aun así tienes alguien que te ama
y siempre por las noches

tu amor siempre te reclama.

Siempre así te amaré,

jamás te olvidaré
a pesar de la distancia y los retos a enfrentar

serás mi vida.

Te espero con paciencia,

que tú tengas valor para decir que si…
de gritar al mundo, cuán grande es nuestro amor.

El amor es bello,

cuando se ama en secreto
pero hay muchos obstáculos, al parecer discreto.

Siempre habrá sorpresas,

pendientes de aclarar,
si hoy otros amores,

ahí no estaré.

Amor en secreto,

amor para sujetarse.
amor de misterio,

amor por los veranos.
jamás encubierto,

amor por las noches

lleno de caricias,

lleno de sentimientos

y recuerdos…

Recuerdos

¿Cómo besar tu alma de nuevo?
¿Cómo besar tus versos perdidos?
¿Cómo escribir tus besos en mi nuevo libro?
Hoy mis poemas están tristes,
mis letras están abandonadas,
mi cuerpo está sin alma
de solo pensar en tu ausencia,
somos tan frágiles
que no sabemos dominar el destino.
¿Cómo decirte que me duele?
tu partida.
¿Cómo decirte que te voy a extrañar?
Que te llevo en mi corazón
que no habrá tarde para no recordarte
y abrazarte…
Mi luna se encuentra triste
no habrá más huellas tuyas en ella,
no sé por qué de tu partida
me has dejado un hueco en mi corazón
solo de pensar que no me despedí de ti,
¿Cómo irme contigo?
Para escribir mi último poema juntos por la tarde,
llorar y reír en la misma sintonía
de nuestros recuerdos
de nuestras locuras,
¡Cómo y cuándo decidiste irte de mi lado?

No es justo este momento

de soledad

y tristeza,

me haces falta tu cariño

tus abrazos,

tu sonrisa

tu valentía,

tus enojos.

¿Cómo cantarte una canción de cariño?

Sin restricciones y sin melancolía

Dime ¿Cómo?

Vuelvo a soñar contigo

a vestir tus sentimientos,

a pensar en nuestro encuentro otra vez

en ese jardín.

Dime a dónde voy para olvidar la desesperación

de no poder verte jamás

y dejar en silencio mis poemas…

Rayos de sol

Di que sí,

que lo deseas,
porque quiero que despiertes a mi lado
inundada de mi amor y de mi cariño,
que el calor de tu cuerpo este para siempre
en mi alma,
porque quiero que los primeros rayos del sol por la mañana
me alumbren primero con tus ojos lindos,
para enfrentar un alegre amor verdadero,
y un hermoso destino,
porque tú eres diferente.

El tiempo contigo es maravilloso
cuando estoy contigo...
Pero sobre todas las cosas
di que sí

que me quieres

como yo a ti,
porque quieres estar a mi lado
para siempre…

A un amor secreto

Si tú me besaras en secreto,
si tú me abrazaras en secreto,
si tú me amaras en secreto

yo no moriría de deseos por ti.

Eres un amor secreto,

eres como mi sutil poesía llena de arcoíris,
eres como una frágil mariposa dentro de mi pecho,
eres como mi fiel amante en secreto.

Si tan solo tú me besaras en secreto,
sí tan solo tú me tomaras mi cuerpo
sintieras como desgarras mi corazón de deseos por ti.

Si tan solo fueras mi amor en secreto

yo moriría en segundos
y quedaría dentro de tu corazón
porque serás mi fiel amante,

si fueras mi amor en secreto

te entregaré mi alma,

mis deseos,

mis caricias,

mi pecho

en ese lugar prohibido,

entonces,

tu amor secreto es donde quiero vivir para siempre…

Amor solitario

Lo que calla mi corazón herido,

al dejarme vacío,

solo en mi soledad

sin sentido.

Mi dolor
es un secreto muy profundo,
que me quema en el pecho
y me trasladan a recuerdos podridos.

Lo que calla mi corazón en pedazos,

mi destino,
que es un sentimiento fallido,
que se perdió a tu lado
por encontrar amor eterno.

Lo que calla el corazón maltratado
con gritos de silencio,
son tormentas que en el tiempo
se murieron entre el viento.

Lo que calla el corazón estancado
no lo entendió tu mundo solitario,
no lo sintió tus recuerdos de mi piel
que destruyeron los sentimientos.

Lo que calla mi alma errante,
un fugaz sentimiento
de un eterno momento,
dentro de tu firmamento.

Lo que calla mi alma sincera
son dolores muy profundos en mi pecho,
con tristes besos hechos nudos
por aquel amor fallido.

Lo que calla mi rostro olvidado
son momentos de amargura,
son como una resignación
que me trae a la locura.

Lo que calla el corazón dolido
son momentos de amargura,
que amaste con pasión
dentro de un amor solitario...

Un poema más a mi corazón

Un poema más a mi corazón castigado
sin razón alguna para mi alma
vacía y olvidada
maltratada y con opresión.

Palabras tristes, sentimientos hechizados,
letras eternas que parecen nunca acabar,
con gritos desesperados
y lágrimas que parecen siempre estar.

Solo quiero pedir un poema más a mi corazón,
pero no quiero estar solo por última vez

es ese castillo de dolor
sin piedad de tu amor sin pasión.

No poseo tus besos,
no poseo tu sonrisa,
me abruma tu ausencia,
y eso me hace un poeta triste.

Me muero en mis pensamientos,
poco vivo de mi realidad,
siempre deseo vivirla con felicidad,
pero no existe en mi corazón.

Un poema en blanco y negro,
sin color que me abandono hace mucho,
no le veo el sentido a disfrutar
sé que todo algún día para mí ha de acabar.

Un poema más para este triste corazón,

para que recorra mi final,

entre tus mejillas

y mis labios tristes y olvidados…

Mi verso

Extravié mi vida,
fue en algún rincón de este maldito mundo,
en un universo podrido,
entre versos de un sentir profundo.

En esos versos mortales
que me han matado,
en una triste poesía
mi corazón se quedó ahí.

Perdí el amor, mis sentimientos, todo…
será, que el alma yo perdí,
escapó, se perdió en intentos de un amor verdadero
de llegar y de acercarse a ti.

En un laberinto infinito se murió,
la ocasión, la ilusión se fue,
y también un amor verdadero,
poco a poco se fue con mi soledad.

Una ocasión extravié mi verso,
fue en algún rincón de este maldito mundo,
muerto sin alma,
un sentir profundo dentro de mi…

Soledad

Soledad ¿Qué has hecho?
¿Por qué no me dejas escapar?
¡Tienes que perdonarme!
mi vida se me está escapando,
a mi lado ya no debes de estar.

Soledad ¿Dónde me has llevado?
ahora ya no sé qué camino tomar
confuso me he quedado,
porque tú a mi lado ya no estás.

Soledad maldita no vuelvas a mí
mi vida sin ti, sólo veo el final,
soledad ya no vuelvas a mí,
porque estoy a punto de morir.

Soledad ¿Por qué me marcaste?
no logro entender porque me castigaste,
yo tenía un gran corazón,
tu apareciste y hundiste mi alma.

Ahora aquí me tienes
¿Qué va ser de mí?
si todo lo que quería
te lo llevaste.

¡No vuelvas a mí!
¡No debes estar aquí!
¡Este no es tu corazón!
por favor, ya no quiero sufrir

Desde que me escogiste
no puedo ver el final de mis días,
paso los días llorando
y las noches sin dormir.

Soledad, por favor,
regresa a tu existir
déjeme solo, por favor,
que ya me siento morir.

Mi vida
y todo mi existir
depende de ti
y poco a poco
llevándote mi vivir.

Por favor, vete de mí
para poder vivir
sin dolor y tener el valor
de olvidar esta melancolía que mata mi alegría

Vete de mí
devuélveme mi ilusión
olvida ya mi sentir
¡Vete! Ya no puedo con este dolor.

Día a día
se me hace más grande este dolor
que mata mi alma sin piedad
y por lo que veo es tu destino para mí.

¡Mátame ya!
no más este sufrir,
ya no quiero vivir,
ni corazón ni alma tengo,
tú eres la culpable
de que esto sea irremediable…

Ese lugar

Te esperaré en ese lugar
donde tu mundo es muy triste,
donde mis lágrimas dejen de caer en tus mejillas
y tus alas serán mi historia pasada.

Te esperaré con ojos obscuros
entonces dormiré para siempre,
donde las sombras no brillaran
por tu ausencia.

Te amararé hasta que no pueda más con mi alma
entre sueños con máscaras perdidas,
donde el destino no se detendrá
a tus deseos mudos.

Cielo obscuro
alma sin destino,
llora mi alma
herido y triste con noches opacas.

Hoy tu sombra es la nada en mi corazón
cubre mi rostro y mi helado cuerpo,
muero como un triste cuento
con dolor sin pensamiento.
Tras el recuerdo de tus labios
moriré en soledad,
pero siempre habrá algo que queda
y también algo que se va…

Tu ausencia

Tu ausencia...
Se apoderó de mi alma,
dejaste tus huellas en mi corazón
dentro de mi vida solitaria...
Ahora escribo palabras con tristeza,
lágrimas con sueños emprenden de mis ojos para siempre.

Tu ausencia...
mató mi alegría,
apagó mi ilusión,
apagó mi sonrisa,
en su lugar has dejado
amargura y dolor.

Tu ausencia…
me dio melancolía y recuerdos tristes,
y en la soledad de mi corazón

creaste un vacío profundo.
Nunca más te olvidaré

porque tu ausencia será mi presencia…

Mi piel

Aún tengo entre mis manos el calor de tu cuerpo,

el sabor de tus labios
entre mis mejillas aún tengo tu olor.
En mis ojos guardo tu amor
deseo que este conmigo,

y ojalá este yo también.

No olvido el sabor que sentí de tu boca
que hace que mi corazón tiemble y provoca
en mi cuerpo sueños de tu piel
de olor a rosa en donde solo se respira tu amor.

Me has hecho enamorar
como el fuerte roble en invierno,
mi alma siente tu calor
donde mi primavera la enciendes con pasión.

Me has hecho enamorar
con tu esencia de mujer,
has hecho temblar mis manos
cuando tu cuerpo comienza a recorrer mi piel.

Me has dado más que un hermoso beso,
me has dado más que un rico placer,
me has hecho que vibre mi pasión,
me has hecho enloquecer…

Tu corazón frío

En el frío de tu corazón

existe un incendio sobre tu cielo.

Todo en fuego ardiente, todo un fuego frío,

Tu alma desencantada quedará

protegida por deseos astrales

y perdidos por un amor con dolor.

Yo ausente de noche seguiré

Soñando con ese invierno de tus estrellas,

voy a saborear la miel de vía láctea

que me mata cada noche

con sus arcoíris de mil colores azules

y sus labios de verano.

Pero hay también lo imposible de tu posible amor,

imposible llegar a tu corazón

de pie hasta la punta de tu rostro

con vientos, besos y caricias.

No hay tiempo para decir adiós,

el otoño se vendrá abajo

y la noche celeste caerá

sobre mi pecho.

Imposible morir por ti

y saber de todos lugares para enamorarte,

en algún momento entre tu piel y la mía,

las sombras esperan,

cuerpos se sueltan,

nadie te olvida.

Y ahora mismo

Se incendia en el cielo

Todo en fuego ardiente, todo un fuego frío.

Acaricio lo hermoso de tu cuarzo.

oscurezco cada hechizo de tu cuerpo

para dejarme caer en tus besos

y no morir al fondo de tus estrellas…

Mi último suspiro

Mi último suspiro
disimula mis heridas,
y me enseña a llorar a escondidas
en un mundo que yo quiero.

Quiero ser libre sin razón
como las olas de tu mar dentro mi corazón,
sentir tu aire entre mis labios
para poder vivir sin caprichos.

Siento morir sin piedad,
mi ansiedad me mata,
vivir sin pasión
cuando tu alma arde dentro de mi corazón.

Quiero sentir tu pasión,
que arda entre mis manos,
dejando tu fuego en mi pecho
sin volver a pensar en el pasado.

Tu lluvia

Hoy mojé mis labios tu lluvia,
cabalgando mis susurros en silencio en tu pecho
solicitando oleajes fuertes en tu corazón
y el rumbo de nuestro destino.
Déjame conocer tu metáfora
sobre ese mar de poesía
que me vuelve loco
con tus versos inmersos de amor.
Busco la piedra de tus días
la noche tiene lobos y vientos en tu escondite mítico
que provoca un viento paterno.
Solo quiero estar en tu lecho de blancas sábanas
viajar sobre tu piel
donde los cuervos rezan tu secreto erótico.
Escribirte versos compartidos con mi voz
con la lluvia de agua de tu rio,
hasta dejar sin respiración tu humedad
de tu cuerpo con el mío.
Tocar ese viento que se eleva en tus mejillas
hasta alcanzar el techo de tus besos,
y poseer el perfume de tus poros
en cada grieta de tu paisaje.
Hoy nace el deseo de una estrella en tu universo,
que quiere tocar la tinta de mi poesía
tan enamorada de ti por siempre…

Una vez más…

Abrázame con pasión una vez más…
No me dejes a la deriva,
aprieta mi corazón enamorado.
Bésame una vez más
y apriétame hasta morir
que deseo sentir tus labios
y tus latidos en mi pecho.

Sueño con mucha ansiedad
estar a tu lado,
una vez más…
no me dejes solo en mis noches
que despiertas mi soledad…
Duerme en mis mejillas
sin reglas, ni condiciones,
sin mentiras y sin prejuicios
sólo siente amor en mi ser…

Dejemos fluir nuestros sentimientos
una vez más…
En nuestro destino marcado
juguemos a amarnos,
una vez más…
acaricia mis sueños
y siente mi amor por tu corazón.

Hagamos un paraíso para los dos
con nubes y mil besos
enlazados entre nuestros cuerpos
para enamorar al cielo,
una vez más…
no lo dejes para después
es el tiempo de amarnos con pasión.

Venir a mi cielo
para convertir su viento en mil colores
y dejarlo entre tus mejillas,
una vez más…
no pierdas mis besos
porque serán siempre para ti…

Tus mentiras

Cuántas veces te lloré,
cuántas veces estuviste en mis letras
despidiéndote para no volver
diciendo que ya no me querías

dejando tristes mis lágrimas
y diciendo que tenías a otro amor…

Cuántas veces me engañaste y te perdoné
porque tu amor estaba en mi corazón

fueron tiempos tristes,
haciéndome creer que me amabas
y que yo era lo único en tu mundo…

Cuántas veces me mentiste
fueron interminables tus mentiras
demasiadas las heridas que marcaste en mi cuerpo,
en un corazón muerto
por el insoportable dolor que provocaste
que poco a poco me ahogaste…

Cuántas veces te perdoné,
pero, así como te perdoné demasiado
el dolor de nuestro amor se hizo presente
y te hizo ver como el culpable…

Cuántas veces te creí,
fue imposible sentir nuestro amor
y te hicieras invisible para mi corazón…

Cuántas veces me puse triste por ti
ahora no me alegra saber de ti nuevamente
y ver que ahora eres tú quien me llora
todo cambia en el tiempo
y ese sufrimiento que llevas
será tu dolor para siempre…

Sácame de tu corazón
así como yo lo hice
para que recuerdes que hace un tiempo
estuve enamorado de ti…

Cómplice

Cada noche de luna llena,
espero paciente tu llegar a tu corazón,

sin tristeza y sin prejuicios
mi amante cómplice,
mi amante ardiente,

mi amante solitaria.

Sueño cada noche que he estado contigo,
recuerdo todas las noches que te he besado,
todos esos momentos con memoria,
nunca podré olvidarlos.

Bajo la luna llena estas en mi mente,
recordando tu belleza interior,
sintiendo tus caricias de tu piel,
arrullando mi corazón enamorado.

He de sentir tu música cada segundo,
pensando en cómo decirte que te amo,
sin importar el tiempo y la distancia,
la noche nos brindará todo su esplendor.

Si tú no estás aquí,

cada noche será un calvario,

un sufrimiento al no poder tocar tus labios,

quemando mis instintos en el fondo de mi mar.

Cada noche serás mía,

con tus besos en mi arcoíris,

dejando escalofríos en mi piel

y recordando tu corazón en mi rostro...

Mis fantasmas

Así que pensaste que podías descifrar
mi infierno y mis tormentas,
el dolor de mis desgracias,

en un mar lleno de mentiras,

en un cielo lleno de obscuridad,

en el sueño con cada pensamiento errante.
¿Puedes distinguir mi soledad dentro de un tempano de dolor?
¿Mis fracasos en un hielo?
¿Crees que lo puedes distinguir?
¿No podrás cambiar mis fantasmas?
¿Las cenizas en mi alma?
¿Un viento fresco en mi rostro?

¿Serás capaz de cambiarlos?
¿Un frio tan terrible en mi cuerpo?
¿Gritando en una jaula de papel?
Cuánto deseo que puedas cambiarlo.
Cuánto deseo que sepas que no soy de acero.
Somos simplemente dos almas prohibidas,
castigados por un arcoíris sin colores
en cada lluvia.
Sigo pensando el destino que nos tocó.
¿Qué hemos encontrado?
los mismos temores prohibidos

¿Ojalá pudieras cambiarlos?
Deseo que estuvieras en mi tormento…

Si te vas

Si ya te vas,

cierra la puerta de mi corazón,
ya no espero a nadie más en esta helada jaula,

sin remordimientos
escúchame sufrir por ti,
estoy triste por ti,

escucha mis lamentos,

la tormenta llega a mi corazón

y me consume hasta los huesos.

Ya casi estoy muerto

y los jinetes están a mi lado,
no estoy muy seguro de mi vida,
soy un hombre sin destino,
soy un hombre sin camino

en un mundo pálido

lleno de sufrimiento.

Cuando un hombre llora,

es el final de su historia
tú sabes que no hay lugar para débiles.

Hubo amor en mi corazón alguna vez,

fue en un tiempo demasiado rápido.

Hubo un frío entre mis venas
no hubo una razón para las cosas que tenía que hacer.

Soy un hombre en solitario,

soy un hombre de fuego
en mi habitación tan fría

y moribundo sin reino.
Cuando un hombre llora,
no sabes lo que se siente…

Mi hechizo

Tu hermosa desnudez de cuerpo
me inspira a soñar con las rosas de tu jardín,
tan inmaculado,
tan hermoso,
tan exquisito,
que me provoca demencia en mi mundo.
Sueño con besar tu boca de labios perfectos,
morder tu sonrisa,
acariciar tus mejillas con mis labios
y dejarte mi perfume en tu rostro.
Deseo sentir tu aliento en mi pecho,
sentir tu espalda con emoción
y saborear tu néctar de tu bosque.
Eres tú el alma de mi hechizo,
extraño tus caricias
en ese mágico delirio de esa pasión ardiente,
no dejo de pensar tus románticos misterios,
soy tuyo
y tú mía.
Tienes a un poeta con su pluma de mil colores
que abrazas con tus labios
llevándola a tu mar con un perfecto sueño.
No olvides mis letras y mi prosa
que recorre tu piel
donde cantan las luciérnagas
enamoradas de tu piel desnuda…

Detrás de tu camino caminarás,
a través de un mundo con espinas y dolor,
dentro de ti no podrás ocultar tu destino
y tú lo sabrás...

Entonces en cada paso
no eres más que un peldaño con deseos,
dónde no hay preguntas y no hay respuestas
donde nadie grita tu destino...

No le des la vuelta, sigue y enfrenta tu destino con colores,
no puedes ser como las personas que el mundo te obliga ser,

pero no dejes de soñar
estás solo para pensar en lugar llamado destino...

Luego tus ojos se cierran a la luz de sol
te cegarán tus sueños y prejuicios,

Entonces piensa;
¿Quién eres? ¿Qué haces en este mundo?

No les des la vuelta, enfrenta tus miedos,

deja que el viento limpie tus lágrimas

que invente un camino sin temores
en un lugar llamado destino...

Puedes agitarte y sonreír en cada paso,
solo necesitas liberarte de tu mal tiempo
para convertir tu luz sobre tu oscuridad
y necesitarás soñar de nuevo en tu mundo...

Luego sueñas en tu arcoíris de nuevo
y en tu mundo donde vives solo tu existes sin razón,
dentro de ti no puedes ocultarte
y nadie te extrañará...

No le des la vuelta, el futuro es incierto,
no puedes ser como todo el mundo en decadencia,
caminarás enfrente al sol y la luna.
Nunca me harás ser como tú,
seré un ser que nunca existió…

Amor virgen

Me enamoro en tus brazos
y tu miel de tus besos me despiertan
hasta atarme a tus labios.
Me pierdo en tu cuerpo
para encontrar tu amor virgen.
Me pierdo en tu piel
para saciarme de tu miel.
Me pierdo en tu bosque
para encontrar el sabor de tu perfume.
Me pierdo entre tu espalda
para embriagar mi mente.
Me pierdo en tus volcanes
para sentir tus huracanes.
Me pierdo entre tus ojos
para encontrar tus caricias.
Me pierdo en tus muslos
para enamorarme de tu erotismo.
Me pierdo en tus mejillas
para encontrar tu hermosa sonrisa.
Me pierdo entre tus sueños
para siempre quererte.
Me pierdo entre tus poros
para encontrar tus susurros…

Estoy solitario

Un beso en el aire,
un suspiro,
algo que es triste,
sin hacer nada.
La noche se aleja,
un abrazo sin amor,
se siente a lo lejos,
un suspiro de amor,
es lo que está en mi corazón.
Triste estoy,
sin un amor,
sin un roce de tu rostro,
estoy solitario.
Amor,
un sueño que tiene cuarto letras,
tu luna sigue su camino,
y yo sigo en mi bosque encantado.

Que haré esta noche,

en un camino sin destino sin ti,

algo que en verdad no quiero saber.

He de vivir cada segundo

pensando como decirte que te quiero

sin importar el tiempo

y que mis tormentas maten mi alma

al soñar estar a tu lado sin mentiras…

Vientos en mi rostro

Nada has dejado a mi vida,
y no sé a dónde se fue mi alma,
tú me provocaste mil tormentas en mi piel
y todavía no sé lo que buscabas.

¿No me olvidaste,

y no me escuchaste?
¿No me viste enamorado de ti?

¿Por qué peguntar a mi corazón de ese amor solitario?
¿Tú sabías que yo no tenía un amor?

Solo di una palabra para mí,
para sentir nuevamente los vientos en mi rostro.
¿Mi dignidad ha sido robada?
¿Está rompiéndose de nuevo mi corazón por ti?

Mis sueños se fueron a través de tus manos,
se esfumaron sin destino
y repentinamente aparecen en mis labios
sin hacer preguntas.

Te extraño cuando te recuerdo,

siento que me estoy hundiendo,

todo se va sin razón hundiéndose sin ti.

Olvidaré ese tiempo no hay necesidad de sufrir,

siempre serás un amor especial…

Mujer de arena

Mujer de arena,
tú crees que tus ojos de color a desierto
han dejado un aliento con agua en mi corazón,
Tú crees que tus labios dejaron a un ser sin amor.
Eres mi mujer de arena,
inmensa en mi corazón lleno de mil colores
con tormentas que embrutecen mi barco
y dejas huella en mi mar solitario.
Tú crees que mi boca besará tus historias,
esas que dejan sin aliento
al sentir tus sueños de mujer inmaculada.
Mujer de perfume, quiero recorrer tu cuerpo
embeber mi aliento en tu firmamento
y cristalizar mis letras en tu universo.
Extraño ese color de tu figura,
codificar tus noches sobre mi piel
tras los abrazos de mis letras bajo mi lámpara de amor.
En estos días mujer de arena
nacen los hechizos en mi alma atrapados en tus besos
para enamorarme de tus encantos…

Amor triste

Amor triste,

me escondo en mi poesía,

mis lágrimas callan los versos,

se llenan de nostalgias sin deseos,

llueve una triste magia en mi corazón

con gotas de llenas de angustia

y nubes con ritmos sin contestar.

Una llamada sin descifrar

un insomnio sin callar

y un dolor lleno de silencios.

Escucho versos sin llorar

salen de mí a hacer un juego de mentiras

caen sin orden como la noche

llena de espinas,

Estoy en tortura con esa sombra

llamada amor,

ha de pasar mi vida en cautiverio

al romperse en mil pedazos,

sin brillo en mis ojos

y ha de llegar mi muerte

insensible, callada en las sombras de mi pasado.

Sombras en la lluvia

Lluvia tras lluvia,

un dolor intenso,
supongo que nuestro amor es ciego
no pude leer tu corazón

maltratado y solitario.
Dolor tras dolor
estaba escrito en tus ojos

en tu rostro,

en tus labios.
Supongo que nuestro cuerpo es inerte

al dolor y sufrimiento,
fracaso tras fracaso

de nuestro amor
que lo escucho suspirar desesperadamente
con sombras en la lluvia
pensando lo que podría haber sido nuestro encuentro.
Perseguido en mis recuerdos

besando tus mejillas,

tu piel

estoy solitario.
Desolación tras desolación

me quebraste día tras día,
sentí como el amor se desvanecía

en las noches
quería que tu amor se quedara
noche tras noche,
pero el dolor no nunca se fue
noche tras noche.
La luz de mi corazón fallece

solitario y enfermo,
tristezas en mi mirada
pensando lo que podía haber sido contigo
enfermo tras enfermo
me quebraste hasta morir…

Sin remordimientos

Estoy en solitario y triste,

mis lágrimas son mi tumba

ya no existe escapatoria de mi infierno.

Tú también estás sola,

no tienes un camino a seguir,

tienes preguntas sin respuestas.
Es mejor estar solo
no habrá nadie a quien darle explicaciones

y nada que pueda dar más de mí.
Tristes versos que en tu mundo no comprenderían jamás.
¡Vete de nuevo!
Estoy derrotado y tú también lo estas en solitario,
tengo un corazón de piedra sin remordimientos
que no habrá remedio que cure mis heridas,
estoy hiriendo y tú sufriendo por tus mentiras.
Mi mundo...
castigado por tu mundo
Tu mundo...
atormentado por mi mundo.
Mi rostro tan frio como una tumba
sin emociones,

con castigos,
que destruyen mi alma,
con sacrificios.

Mi mundo no podría comprender mi derrota
¡Vete de nuevo!
Estoy derrotado,

sin ganas de vivir
en noches que arden cada día.
Malditos recuerdos que quiero regresar,
estoy perdido,

estaré herido en tu mundo cuando despierte.
Mundo sin destino
atormentado por tu mundo.
Mis noches con las sombras del dolor
que me rodean

y alimentan mis desgracias en mi corazón.

Mi aliento derrotado

por tu mundo,

con olor a despedida

y melancolía.
Abriré mis ojos

para ver los fantasmas en mi pecho,
con odio y desolación,

no quiero pensar más en ti
debo de seguir con mi dolor,
estoy derrotado

y tú también.

Mi mundo triste

por la pérdida de tu cuerpo,

tu mundo solitario

por la ausencia de mi rostro.

Tengo un corazón con un vacío eterno

que arderé en mi mundo en solitario,

en un mundo lleno de odio

donde el viento me llevará a tu mundo desbastado…

Ámame

Ámame

para poder llegar a tu corazón con mis besos

y dejar mis sentimientos en tu piel

al besarte tan despacito

para que no me olvides…

Átame

a tu tiempo para que no se esfume

para que yo pueda abrazarte

y que no muera mi sol

en tus mejillas…

Cuéntame

tus historias de amor

para que yo pueda enamorarme más de ti

en los granos de mi desierto

dentro de una botella de amor…

Ámame

para que mi respiración no pare

que yo sienta tu sabor a mujer

al besarte tan despacito

para que nunca me olvides…

Átame

para nunca olvidarte

pero no me dejes suelto

que te puedo dejar de amar…

Tu mirada inocente

¿A dónde irá mi gran corazón?

¿A dónde irá mi gran soñador?

ese ser que nunca olvidaré

que lo vi crecer,

llorar,

sonreír,

y ser feliz,

¿a dónde irá mi gran pensador?

por este mundo lleno de alegrías

y fracasos.

A la vuelta nos volveremos a encontrar

para reconocer tu sonrisa,

tu mirada inocente,

tu rostro siempre feliz.

Solo quiero que no sufras en tu vida

quiero que seas muy feliz,

que sepas que cada noche de extrañaré

en mi cielo lleno de estrellas

donde llevan tatuado tu nombre,

quiero que siempre seas mi amigo

que escuches mis consejos

y no me dejes solo en ese mar llamado destino.

Quiero que no tengas condenas

que te sientas libre,

con pensamientos hermosos

y que tengas un amor verdadero

de mi corazón para siempre…

Mis noches

Me haces falta en mis noches,

te necesito conmigo sobre mi cuerpo,
como te extraño sobre mi piel
no puedo estar más sin ti,
me haces falta…
como las estrellas en mi universo
mi mar y sus olas.
Me haces faltan tus besos
a cada instante,
siento un vacío sin ti,
por siempre te deseo,
te amo sin prejuicios
me haces falta,
hay un hueco en mi alma
por ti he perdido mi rumbo.

Solo te pido que nunca me olvides,
me haces falta
en cada beso tuyo,
siento un abismo en mi cuerpo
por no tenerte a mi lado
por siempre,
te amo
por igual
me haces falta en mi alcoba,
hay vacío en mi alma
por ti he perdido mi soltura

sólo te pido que nunca me olvides
me hace falta tus caricias,
necesito de ti en mis sueños
como te extraño…
Mi amor te necesito aquí…

Amar de nuevo

No tengo nada
que me haga amar de nuevo,

te has ido muy lejos

no lo sé si lo voy a superar,
ya no habrá más nadie que me abrace fuerte
y que me haga cambiar mi destino,
ya no tengo nada que ofrecerte,
ya no tengo nada más para creer en ti,
no tengo nada para volver amar sin sufrir,
si tú no estás…

solo quiero que estés cerca de mi rostro,

en mis noches,

en mis suspiros,
ya no tengo a nadie para escribir mis versos,
que nadie que recuerde mis letras,
a nadie con quien dormir en mi prosa,
ya no tengo a nadie con quien vivir mi muerte,
intentaré sobrevivir a mi duelo,

sin ser castigado por mi silencio,
no tengo con quién compartir mi dolor,
desfallecido en mi alcoba
si tú no estás…

si no estás cerca de mi alma

para que seguir con este sufrimiento,
si no me besas y me abrazas
mi corazón estará triste
si tú no estás…

para qué escribir más poemas
a quién amar en silencio,
ya no habrá más palabras
en cada noche
con tristes lágrimas en mis mejillas
que caerán sobre mi piel
si tú no estás…

Tus recuerdos

Dime cómo se olvida tu amor,

no puedo vivir sin tus recuerdos,

sin tus besos,

sin tus caricias,

sin tu piel en mis labios.

Dime cómo te olvido
después de haberte amado tanto

de pasar todo el tiempo en tu arcoíris.

Nada se tiene que terminar
te entregué mi corazón sin querer sufrir

hasta mi último aliento,

con pasión te llevo en mi alma
hasta el último pensamiento tuyo me llevaré.
No puedo pasar las noches sin tu cuerpo
quiero encontrarme de nuevo con tu corazón

y sentir tus latidos de amor.
Dime cómo se olvida tu amor.

¿Cómo se olvidan tus besos?
sí estoy enamorado de tus labios

nadie puede explicarlo,
no es fácil olvidarte
ese amor que me enseño todo,
enamorado de tu rostro sin medida
conocí a tu lado la pasión.

Nadie va ocupar tu lugar
la magia de tu corazón

Sobre el mío,
Dime cómo te puedo olvidar

sí desnudaste mi alma

en el cielo de tu jardín,

estarás en mi cielo

y nunca te olvidaré…

Tu perfume

Hoy entendí,

que tu corazón nunca fue para mí,

fuiste un viento inerte en mi rostro,

me hiciste mucho daño,
que yo no te lo pedí,

fuiste tú…

Ya no quiero que sigas allí,

la piel cambió,

los besos se acabaron,

el rostro cambió,

mis manos están en otro lado.

Ya no estás aquí,
solo que todo es diferente.
Quiero no verte,

no oler tu perfume,

me ahogas con intensidad.
Solo quiero que, sin exaltarme,

te esfumes a tu bosque,

que me dejes…
No quiero que me hables,
déjame en paz,
ya no quiero soñar a tu lado,
aunque todo parezca un absurdo amor
no quiero rozar tu cuerpo,
no soñar con tus besos,
sin contar con contigo mis palabras,
sin sentir un te quiero,

un te amo.
No deseo mirarte,
sin pensar en cada mañana

un abrazo tuyo.
Debo seguir mi rumbo
maltratar tus recuerdos

renunciar a todo tu amor,
que no existan ataduras
porque siempre existe otros mundos,
donde puedo comenzar…

Soy la noche

Soy el viento
que acaricia tu rostro,
la lluvia que acaricia tus labios,
el cielo que busca tus mejillas
para enamorarte con pasión.
Soy el arcoíris que se esconde entre tus ojos
tan hermosos que me da amor en mi corazón,
Eres la razón de ser entre mis labios y tus besos,
me estremeces cada vez que escucho tu voz
ese tono enamora más mi prosa
me lleva a mi tintero a escribir letras de amor
por ti…
Soy la noche
que te acaricia tu cuerpo
y besa tus pensamientos
en cada sollozo al pensar en ti…
Amo tus sentimientos
que recogen mis lágrimas por ti,
deseo estar contigo
entre estrofas y mi prosa
para tenerte en mi luna para siempre.
Solo deseo besarte bajo mi universo
y enamorarme de ti de bajo él,
provocándome miles de deseos en ese lugar hermoso
donde tus besos son las mieles de mi paraíso…

Mi bosque

Hay lágrimas sobre mi rostro
y lluvia en la calle

que me envuelven en silencio

para no poder ver mi tristeza,
tus voces con eco en mi alcoba

escuchando tu corazón

como las campanas de mi destino.

Veo tus sueños jugar,
siento el placer de tocarlos
y mis lágrimas caen sin remordimientos
con tristeza…

Noches frías en otoño

sueños fríos en invierno
que solo el sonido en mi corazón

se presenta en cada noche,
noches que se esfuman en otoño,

sueños que mueren en invierno,
me desgarran en mi interior…

Me siento solo en mi bosque
enfriando ese amor por debajo del suelo,
deseo que tu estuvieras aquí
en este escenario mágico.

Me he escapado de mi realidad
muriendo en el bosque,
el olor de tu perfume me enloquece
mi inocencia en silencio…

Noches frías en cada momento,

sueños fríos en mi rostro,
congelando el color de mi corazón

por ti…

Noches tristes en cada invierno

sueños que se desvanecen en mis manos,
tómame y abrázame

con tus sueños que me enloquecen…

El amor parece ser piadoso
como una lluvia maravillosa

que cae en mi rostro,
no puedo imaginarme que hay soledad

en mi corazón
no puedo resistir más mentiras…

Pero cuando muera en mi tristeza
mis sueños llegarán a un solsticio triste,
seré sepultado solo
tranquilo bajo recuerdos tuyos…

Noches frías en mi corazón,

sueños mudos en mi alma,
retumba el sonido de tu corazón

en mi piel sin alma…

Tu amor es viento

Tu amor es viento,

es lluvia en mi corazón,

tu amor es la realidad y decepción
¿tan real es tu amor?

que me hace ser una marioneta de mil colores

sentado a tu lado.
Tu amor es sentir las olas de un mar enamorado

rodeado de lágrimas tuyas

en un escenario tan especial
es sentir tu amor.
Tu amor es esperar en cada grano de mi playa
ser amado y odiado,

ser tu alma con un corazón enamorado.

Tu amor es tocar en cielo con mis besos,
tocar es amor a mordidas

saboreando tu piel

en un estado enamorado.
Tu amor es alcanzar las estrellas de tus ojos
tocar el amor sin prejuicios

y sin mentiras.
Tu amor es pedir al universo tu cuerpo
y ser amado cada noche.
Tu amor es sacudir los sentimientos
de ser amado sin restricciones

y libre como el viento en tu rostro.
Tu amor soy yo
no hay nadie entre tú y yo

solo amor.
Tu amor es hacer crecer la magia
que nosotros podemos soñar

entre el cielo y el infierno.

Tu amor es libre entre mis venas
la sangre es amor

es el placer de beberte.
Tu amor es caminar en el bosque
vivir sin ataduras y restricciones,
tu amor es la necesidad
de ser amado para siempre...

Pensando en ti

He estado soñando contigo,
que tu piel desnuda esté en mis labios,
que tus ojos estén en mi rostro,
que tus besos estén en ese lugar perfecto…
Te sigo amando como a nadie,
tú eres mi universo desnudo…
He estado pensando en ti,
en cada noche

acariciando tus poros con mis manos,
deberías de sentir mis ganas de tenerte bajo mi bosque
saborear tu dulce néctar de tu amapola
y amanecer completamente desnudos,
jugar en tu punto hermoso,
resbalando mis caricias en ti.
Deseo acariciar tu luna
impregnada de tu perfume con locura
para hacerte llegar a mi paraíso.
He estado pensando en ti,
soñar que somos solo uno,
tocar tu estrella fugaz
en cada beso bajo nuestras sábanas.
Perdernos en la lujuria
y recorrer el mundo a caricias.
He estado pensando en ti
y no existe otro mundo por amar,
te siguieré amando,
jugando en mi alcoba
que importa si no estoy ahí.

Mi corazón herido

Sentía mi corazón herido,

al dejar tus caricias,

se quedó todo en el olvido
todo se había perdido,
ahora me siento diferente contigo,

mi luna se iluminó profundamente

hasta alcanzar todos los mundos de tu universo.
Jamás pensé en enamorarme de nuevo,

escaparme al cielo del amor,
donde daría todo por el calor de un amor verdadero.
Estoy dispuesto a darte todos los besos,
todas las caricias,

todas mis fantasías dentro de un arcoíris
con tu forma de mirar tus mil colores

sobre mi piel.
Me atrapaste nuevamente,

me enamore otra vez,

justo a tu lado,
que jamás pensé.
Tú rostro borró mis heridas,
me enamoré otra vez

de esas noches de pasión.

Ese fuego renació

y no pude contenerme a tu amor,
me disté un sentido nuevo a mi vida.

Contigo se me pierden las horas

de un día solitario,

eres ese ángel que cambia mi mundo.
Me siento enamorado de ti,
me robaste el alma con un beso,
te metiste dentro de mis sueños,

hasta beber tu dulce cuerpo.
Hubo prosa nueva,
con tus besos y caricias,
Me enamore otra vez con pasión
que jamás pensé.
Tus besos borraron mi tristeza,
me enamore de nuevo
y solo debo de amarte
para sentir un corazón enamorado...

Eco en mi piel

Tú estás en mi corazón,

aunque tus labios
ya no me besen más,

muero por besarlos

con mucha tibieza y hermosura,
hacer de esos besos tu silueta

entre mis mejillas,

y con ese perfume tuyo que me enloquece
al levantarme cada mañana,
y aunque tu sonrisa se aleje
como las olas en mi playa
después de acariciarte
en la suave arena de mi isla,

pero,
a pesar de todo,

te estaré muy enamorado de ti.
Aunque tus caricias
ya no suenen como eco en mi piel

te extraño cada noche,

cada mañana,
siento que te desvaneces entre mis manos,
y pesar de que ya no estás conmigo,

sufro al no tocarte,
soy tu estrella fugaz
que navega entre mil universos,

sin poderte tocar,

besar.
Aunque tu cuerpo ya no esté junto al mío
y que siento un vacío en mi alcoba,
a pesar de todo,

te seguiré amándote...

Viento libre

Es tarde para sentir tu aliento,

Es tarde para vivir en tus sueños,

ser la lluvia que limpia tu destino,

ser el mar que lava tus heridas

y calma tus sentimientos,

Soy la sombra y en el viento

que grita en tu corazón

por tenerte entre mis brazos,

Ser ese beso que asciende con la noche

que te busca por tu ventana.

Quiero ser ese suspiro que arde en tus labios

donde nadie te ha engañado

y ser el viento libre en tu rostro

para enamorarte hasta el infinito.

No espero una respuesta tuya,

de nadie

ni siquiera de un recuerdo herido,

solo espero un beso tuyo.

Hace ya tiempo que ya no estás en mi tintero

Pero esa tinta te recuerda a cada rato

que la lleva el viento a mis hojas en blanco

y empuja hacia adelante para recordarte

viene de un lugar que está más allá de mi corazón

por encima de mi prosa,

te espero con agonía

que mi cuerpo se parte en estrofas

para recordar tu cuerpo

por aquí en cada noche

coronada por el fuego que tengo por ti.

Veo en tus ojos todo mi amor por ti,

silencioso y amoroso

y todo lo que no debía de desaparecer,

hay que volver a buscar

por encima de cada sueño

en cada noche por ti…

Nuestros ojos

No quiero soltar tu amor,

¡Te extraño tanto!

Haces que tu sonrisa sea un amanecer en mis labios,
estás siempre debajo de mi luna,

que todo lo me haces es tan hermoso,

sobre mi piel,

sobre mi pecho,

sobre mi rostro.

No voy a soltar nuestro amor,

si la primavera es muy larga,

dejaré que el sol entre a nuestros corazones

para amarrar nuestros planetas

y las estrellas…

Nuestro amor no es algo imposible,

no creas que nuestro amor es infalible

no se ha ido

está en nuestra piel,

dentro de nuestros ojos,

dentro de nuestras voces…

Hay una conexión infinita

entre tú y yo,

mi corazón se acelera solo pensar en ti

lo llevas a una pasión deseada

y desatas emociones en mi cuerpo,

me llenas de caricias hasta perder la cordura

que no sabes lo que me provocas en mi sitio prohibido.

Cada mañana que te pienso,

te busco con ese néctar de tu jardín en mis manos

buscando que nuestro sueño se haga realidad.

Eres mi latido de un corazón soñado

que extraña tu voz y tu sonrisa

en el jardín de mis versos.

Eres la verdad de mis sueños

sin vacío alguno,

adoro tu fuego

que quema mis fríos

y humedeces mi alcoba

explotando lugares obscuros.

¡Eres la ilusión de mi vida!

¡Mi poesía eres tú!

Sin prejuicios

Tu miel mancilló mis estrellas,
ahora estoy mirándote alucinado
con esos deseos eróticos
de tenerte entre mis brazos
con magia y pasión.

Pronto me vendré en tu piel
como un sueño deseado,
siento recorrer tus veredas con caricias
con mi lengua sin cesar
sin candados y sin prejuicios
para lograr una venida de tu cielo en mi boca.

¿Qué haré contigo?
Porque te debo toda mi pasión,
pero no tengo un mañana
porque a ti te daré toda la noche,
porque mi piel sufre por tu piel…

Amor sin ti

Me quitaste el sabor del amor por ti…

Marcándome mi destino con historias insípidas,

en un amor lleno de suspiros,

con besos marcados por fracasos,

Nunca voy a dejar que te acerques de nuevo a mí,
aunque me duela estar sin tu aliento,
porque cada vez que pienso en ti, duele estar sin ti,
no voy a acercarme otra vez a tus abrazos,
porque lo he dejado todo por ti,
te marchaste sin mí y me dejaste en un triste olvido.

Tú crees que no he pasado por esas historias,

crees que soy un árbol sin dolor,

nunca más dejaré que te acerques otra vez a mi

porque cada vez que pienso en ti

lloro más por ese amor perdido,

mis lágrimas ya se secaron en mis mejillas

al no estar tú en mis recuerdos

en mis sueños,

que cada vez que te vas más lejos de mi

te amo menos.

Mi corazón está partido en mil pedazos

fuiste la oportunidad de mi vida

y no soy bueno para las despedidas.

Lo sé que dices que tengo un corazón de piedra

que soy frio en mis pensamientos

solo estoy protegiendo mi amor por mi

sin estar a tu lado nuevamente.

Nunca más cerca de mi

será lo mejor en mi alma,

es mejor que te vayas lejos de mi…

Lluvia gótica desnuda

Tu ausencia en mi corazón es un volcán apagado,
extraño sentir tus besos en mis labios,
hay ruidos de amor que recorren mis venas al no verte
no soporto más no abrazarte con pasión.

Tu fuego entra por tu ventana cada mañana
cielo e infierno es mi sed por tu amor,
despertar cada día a tu lado para ser tu prisionero
sin miedo a enloquecer por tus sonidos de amor.

Te veo en la lluvia gótica desnuda con un sol oculto,
tu figura desnuda con un rostro enamorada,
tú no eres mi dolor de cada día, eres mi hermoso tesoro
mis labios lloran por tus besos.

Vientos de lejos trae tu perfume de mujer
saboreo con mis ojos cerrados
eres mi última primavera
eres niebla que me envuelve nuestro invierno.

No quiero abandonarte en mi espejo sin reflejo
morirás dentro de mi corazón
en mi tierra bajo sombras de pasión
permanecerás allí como mil piedras desnudas en mi alma.

Reloj de arena no llegues hasta el final
deja fluir mis pensamientos en esa cascada de arena,
movimientos de estrellas caídas dentro de ese cristal
ver tu rostro al final de ese reloj de tiempo.

Tienes ojos de cristal y fuego para mi prisión
te miro mil veces al ritmo del movimiento de tus cabellos,
estar a tu lado por la eternidad
nunca voy a renunciar a ese secreto de tu amor.

Tus sueños serán como los atardeceres sin sombras
donde las nubes dejaran caer tus lágrimas en mi rostro
un cielo con letras de amor
un espacio en la tierra para nuestros latidos de corazón.

Tu mi musa

Te sueño con mis terremotos eróticos,
en mis noches de escalofríos,
en un lugar obscuro de mi corazón
donde mueren mis sollozos
por no sentir tu piel.
¡Me haces faltas!
Mujer hecha de poesía,
cómo no creer en tus versos que llevas
en tu rostro,
provocas que mis letras se consuman
en tus poros
y se retuercen de amor en tus labios.
Tú, que eres mis estrellas
en mi universo
con esos besos como galaxias vivientes
y succionando todo alrededor
en tu lado obscuro
que tienes en tu cuerpo.
Dime si tengo que sufrir por ti,
en mis gritos, en mi rabia y en mi ceguera
por no poder dormir en tu sol,
no sé si podré escribir más a ti,
porque eres mi mar
mi cielo y mi desierto en mi península
capaz de convertirme en tu infierno
cada noche.
Dame esa oportunidad
de ser tu amante y tu mi musa
de noche, de fuego y luz,
para ser siempre mi mujer hecha poesía…

Mi alma

Dejaste caer tu mirada
en mis ojos,
mientras yo no sabía tu sentir,
me cuidaste hasta el final,
estaba tan triste que mis noches se hicieron tan negras,
yo estaba a punto de morir
al verte tan débil y sin ganas de vivir.
Hasta que tomaste mis manos
y me llevaste a tu pecho
sin remordimientos,
lloré sin descanso,
mi corazón era de piedra,
mi alma era de hierro
pero mi amor por ti fue demasiado
para amarte sin descanso
sin caer en un abismo por tu ausencia.
Hay un pedazo de tu alma en mí,
que siempre nunca olvidaré,
tus abrazos y palabras para mi
fueron hermosas
las más profundas en mi ser,
y el amor que tenías por mi
supe que serías feliz a mi lado para siempre.
Pero puse el cielo a tu merced,
lo vi abrirse ante ti

para vivir en paz,
lo veía mientras lloraba por tu partida
y grité tu nombre a los cuatro vientos.
¡Te amo…!
Cuando te tocaba sentía una paz inmensa,
quería quedarme a tu lado
cerrar mis ojos y soñar contigo
viajar al infinito y nunca volver,
sentirte para siempre…
Tú y yo abrazados para siempre
en un viaje hermoso.
Pero hay un espacio en mi corazón
contigo y sin ti
que no puedo olvidar de ti,
siempre estarás en mis venas,
tu aliento y amor por ti
siempre en mi estarás
contigo y sin ti…
Pero puse el cielo a tu merced,
lo vi abrirse ante ti
para vivir en paz,
lo veía mientras lloraba por tu partida
y grité tu nombre a los cuatro vientos.
¡Te amo…!
Puse mis manos en tu rostro
y arrojé mis lágrimas en tu ser
cuando nos abrazamos
y algo se fue al cielo

era la última vez que te sentí
y lloré inmensamente.

A veces te recuerdo con amor y ternura,
mi corazón entre tus mejillas
incluso cuando no te veo
estás en mis pupilas para siempre.
Te recuerdo como si fuera ayer,
tu sonrisa tan hermosa
y tus manos tan delicadas,
que grite tu nombre.
¡Te amo!
Puse mis manos en tu rostro
y arrojé mis lágrimas en tu ser
cuando nos abrazamos
y algo se fue al cielo
era la última vez que te sentí
y lloré inmensamente.
Pero puse el cielo a tu merced,
lo vi abrirse ante ti
para vivir en paz,
lo veía mientras lloraba por tu partida
y grité tu nombre a los cuatro vientos.
¡Te amo…!

Tus sentidos

Un fuego que apaga mi esperanza,
un infierno que consume mi alma,
un suspiro que me abraza,
un corazón sin calma.
Sueños que se queman en un abismo
Con sentimientos fallidos
y tus besos que se olvidan conmigo
al estar sin tus sentidos.
La flor que se quema en mis ojos
Con llanto que quema los huesos,
un viento que se lleva mi tristeza,
sobre mi cuerpo sin certeza.
Estaré esperando tu regreso
en cada anochecer sin remordimientos,
solo para verte sin prejuicios
dentro de un fuego enfermizo.

Pasión y lujuria

Me acerco a ti, rozándote y observando tu piel,

Me tienes, hipnotizado, dominado;

mis manos recorren desde tus cabellos hasta tus pies,

mientras te beso apasionadamente, desenfrenadamente

y muerdo tus labios suavemente hasta sentirte gemir de placer

Quiero que mis manos acaricien tu cuerpo, que junto al mío se mezclen con mucha pasión y lujuria

hace que despierte en mí lo inimaginable, mi lado oscuro, voy a desnudarte en un instante;

de tu cuerpo quiero saciarme

Mis labios mojan tu piel, comienzan su travesía.

Beso tu cuello en una caricia

nos desnudamos, la ropa vuela presa de nuestro deseo,

el calor y la excitación aumentan con cada movimiento,

mi lengua recorre tu pecho muerdo las aureolas que adornan tus senos y tu gimes de la excitación,

mientras aumenta el deseo.

Saboreo con mis labios cada centímetro de tu piel,

que te producen gran placer.

Marco todo tu cuerpo con mis manos y labios,

muerdo suavemente tu sexo descontroladamente y tu más te estremeces,

tornándose una adicción irremediablemente de placer y orgamO

Ven a mí

Ven a mí,
muero por tu piel
y de tu hermoso cuerpo.
Voy por ti,
no importa la distancia
el viento me llevará a tu perfume.
Te llevaré en mis letras
en mis cantos en cada amanecer
dejando mi alma tu aliento para sobrevivir.
Ven toma mi mano,
hazme sentir que soy tuyo
y déjame tocar tu sonrisa.
Ven y acercarte a mí,
te voy a enamorar sin prejuicios
para nunca decirte un adiós.
Ven y no me olvides,
seré una estrella eterna en tu universo
en cada eclipse de tus lunas.
Ven y hazme sentir que te quiero,
y sin motivo alguno
estaré siempre en tu corazón…

Olor a olvido

Tu alma tiene un olor a olvido
con sabor a angustia
sin destino
atada a tus heridas
sin un corazón enamorado, sin latir
con aroma a prosa muerta,
a tu piel desnuda sin vida,
desilusionada de esos besos mudos
caricias olvidas,
con un amor desengañado
vacío entre las sombras.
Deseas tener vida entre tus venas
pero no puedes dejar esos recuerdos
poéticos falsos y mediocres
ensangrentados en tus manos,
castigados por esas manos malditas.
Pierdes tu perfil entre tu prosa sorda
dentro de tu amor perdido
y dibujas tu sonrisa triste
en los pétalos de tus tormentas olvidadas
por un ser amado.
Tienes sabor a olvido,
tan castigada y disuelta en este poema
y tiemblas como una rosa sin rocío
por la mañana
esperando un abrazo de esos sentimientos verdaderos.

No sabes lo que perdiste,
odias tu estado de soledad
y cierras tus ojos para escaparte de tu realidad
con un ceño torcido de tu rostro
siempre en tus noches frías
aferrada a tus debilidades,
Ese olvido que entra desde tus pies hasta tus mejillas
rompiendo todo en tu interior…

Entre mis manos

Con tan solo un roce de tu piel en mi rostro,
para que me lleves a tu universo,
y dejar mis labios en tus estrellas.
Tan solo un beso en mi frente,
dejaré de perseguirte en mis sueños,
te besaré cada noche en tu alcoba,
con lunas fugaces en tu ventana al sentir tu bosque
entre mis manos,
tan solo pensar en abrazo tuyo,
no dejaré de amarte cada segundo,
sin importar la distancia estaré en cada pensamiento.
Serás mi nuevo amor para siempre...

Quiero verte

Quiero verte y no debo,
quiero besarte y no quiero,
quiero hacerte mío y no puedo,
no me dejes, me da mucho miedo.
no quiero irme sin ti,
me da terror salir de tu corazón
y que tu no me hagas el amor,
vivo de tu sed.
Quiero acabar dentro de ti,
te regalo mi cuerpo,
mis días,
mis orgasmos,
mi aroma
y lo que queda de mi vida.
Hoy quiero decirte que te extraño mucho;
en medio de mi verano
te convertiste en el fuego que necesito.
contigo exploré todas las aventuras
prohibidas,
conocí el sabor de tus labios
tan dulces como el algodón de mi piel
y me hiciste sentir libre…

Mi alcoba

Cuanto te deseo tenerte en mi alcoba
Te veo tan deliciosa
Que no puedo resistirme a tocarte
a ponerte caliente
entre mis brazos,
entre mis muslos,
para quemarte tus labios con mis labios
provocarte tus orgamO sin límites,
me gusta jugar en tu interior
con mi escudo
no pensar otra cosa que en tus fluidos
mirar como tu piel se eriza
con mis caricias
me encanta ese color rosa en mi boca
se me empapa mi lengua
con ese sabor a miel
que parece fuego en mis labios,
delicioso perfume de tu cuerpo
que me enloquece en cada noche
de tentadores encuentros carnales
sobre espacios eróticos;
esos que hacen que mi forja se expanda
al tocarte y besarte,
se siento muy rica entre mis manos
soy un animal voraz a lado tuyo

un cuerpo de diosa
que tengo a mis caricias,
entre mi pecho
luces como una mujer madura
con piel de canela
que tomo con ansiedad y locura
para que resbalen mi sudor
sobre tus caderas,
sobre tu selva,
sobre tus flores con aroma de virgen,
te aprieto con deseos
y colocarte en mil posiciones
entre mis piernas
y saborear tus gemidO$.
Eres mía...
Me perteneces a mi paraíso enamorado
Desnudando mi pasión por ti,
mi trofeo se extiende
de punta a punta
en un momento sublime en tu boca en tu garganta
con ansias de comerlo todo,
eres el mejor manjar entre mi cuerpo
tu piel se agita con mi sudor
y gozas el bocado en cada noche,
tu cuerpo tan exquisito
que me hace venir a tus lunas
y disfruto sus sabores tan golosos
en mis labios...

Printed by Books on Demand GmbH, Norderstedt / Germany